BEI GRIN MACHT SICH IHR WISSEN BEZAHLT

AF149855

- Wir veröffentlichen Ihre Hausarbeit,
  Bachelor- und Masterarbeit

- Ihr eigenes eBook und Buch -
  weltweit in allen wichtigen Shops

- Verdienen Sie an jedem Verkauf

Jetzt bei www.GRIN.com hochladen und kostenlos publizieren

Bibliografische Information der Deutschen Nationalbibliothek:

Die Deutsche Bibliothek verzeichnet diese Publikation in der Deutschen National-
bibliografie; detaillierte bibliografische Daten sind im Internet über http://dnb.d-
nb.de/ abrufbar.

Impressum:

Copyright © 2014 GRIN Verlag, Open Publishing GmbH
Druck und Bindung: Books on Demand GmbH, Norderstedt Germany
ISBN: 978-3-668-07252-7

Dieses Buch bei GRIN:

http://www.grin.com/de/e-book/307447/ueberblick-ueber-lernmethoden-in-der-
beruflichen-ausbildung

Marina Zuber

Überblick über Lernmethoden in der beruflichen Ausbildung

GRIN Verlag

GRIN - Your knowledge has value

Der GRIN Verlag publiziert seit 1998 wissenschaftliche Arbeiten von Studenten, Hochschullehrern und anderen Akademikern als eBook und gedrucktes Buch. Die Verlagswebsite www.grin.com ist die ideale Plattform zur Veröffentlichung von Hausarbeiten, Abschlussarbeiten, wissenschaftlichen Aufsätzen, Dissertationen und Fachbüchern.

Präsentation von Marina Zuber

„Lernformen in der beruflichen Ausbildung"

Anforderungen an Auszubildende haben sich verändert:

• Flexibilität
• Schnelles Reaktionsvermögen
• Selbstlernkompetenzen entwickeln
• Medienkompetenzen schulen

Begriffsdefinitionen:

1) Schlüsselqualifikationen
2) Kompetenz
3) Lernen

Schlüsselqualifikationen

Sie dienen der Erschließung (Schlüssel) wechselnden Spezialwissen.

Sie beinhalten kein spezielles Fachwissen, sondern eine allgemeine berufliche Leistungsfähigkeit.

Sie stellen berufs- und funktionsübergreifende Eignung mit übergeordneter Bedeutung für die Bewältigung zukünftiger Aufgaben dar

Sie waren schon immer von Bedeutung und stehen wegen der Wandlungen auf allen Gebieten jetzt stärker im Mittelpunkt.

Schlüsselqualifikationen

Sie sind mehr als die herkömmlichen „Kenntnisse" und „Fertigkeiten",
sie beinhalten weitere „Fähigkeiten"

Sie sind vielfältig anwendbar und liefern den „Schlüssel" zum
Problemlösen bei neu gestellten Arbeitsaufgaben

Sie dienen der Selbsthilfe, indem sie zum selbständigen lebenslangen
Lernen befähigen.

Quelle: http://qualifikation.kenline.de/qualifikation/schluesselqualifikation.htm

Kompetenz

Quelle: http://www.hocom.ch/images/ausbildung1.jpg

3

Kompetenz

- **Methodenkompetenz**
  Bsp. problemlösendes Denken, Planungsfähigkeit

- **Persönlichkeitskompetenz**
  Bsp. Lernbereitschaft, Kritikfähigkeit

- **Fachkompetenz**
  Bsp. Fachliche Kenntnisse und
  Fertigkeiten

- **Sozialkompetenz**
  Bsp. Teamfähigkeit,
  Kommunikationsfähigkeit

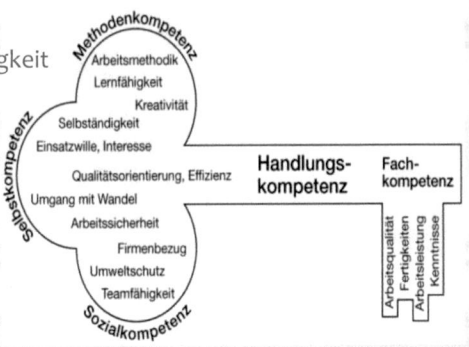

Quelle: http://lh3.googleusercontent.com/_sbZ2pKHheQ8/TLhLs8ZzJcl/
AAAAAAAAOw/4CnfcSTrlkE/s1600/08_rueckblick_schluessel_1%5B4%
5D.jpg

Lernen im Wandel der Zeit

- Heutzutage ist es wichtig Medienkompetenz zu schulen

- sich stetig weiter zu entwickeln um den Anforderungen
  stand zu halten

- kreatives Denken schulen

- problemlösendes Denken schulen

mit dem Ziel individuelles <u>WISSEN</u> zu erwerben!

Lernen

Multmedialität

- stärkt die Kompetenzen
- alle Sinne werden gefordert
- Informationen leichter erlernt werden

Lernwerkstatt

in Gruppen   in Workshops

in Lernwerkstätten

Beratung & Hilfestellung

Lernmethoden anhand abH Stützunterrichtes

◆ Lernkartei

- Begriff auf Vorderseite vermerken

- Definition auf der Rückseite

Lernmethoden anhand abH Stützunterrichtes

◆ Mindmapping

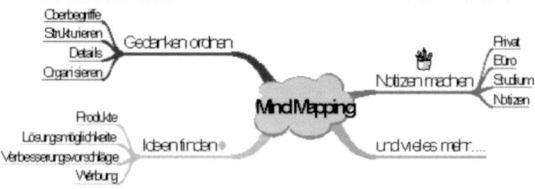

Quelle: http://www.petter.at/img/mindmap.gif

Hauptstichwort in der Mitte des Blattes, Ästemit Verzweigungen, Äste möglichst mit Grafiken, Schlüsselwörtern und Symbolen versehen, dadurch sind Zusammenhänge leichter zu verstehen und man kann sich die Einzelheiten besser merken.

Lernmethoden anhand abH Stützunterrichtes

◆ **Lerngruppe**

Vertiefung des Gelernten durch Reflexion, Fragestellung an die Anderen, gegenseitiges Üben, bereits vorhandenes Wissen weitergeben, Meinungsaustausch, Erfahrungsaustausch:

Lernmethoden anhand abH Stützunterrichtes

◆ **Lernmethodische Spiele**

Memory in Form von Text und Bildern bezogen auf Wirtschaft, Sozialkunde und Rechnungswesen vertieft bereits gelerntes, Wissen wird stetig wiederholt und gelangt somit ins Langzeitgedächtnis.

Lernmethoden anhand abH Stützunterrichtes

◆ **Mediales Lernen/ Lernposter**

 Recherchieren im Netz, das sogenannte effiziente Googeln muss ebenso eingeübt werden, wie die Erstellung von Lernpostern zum stetigen Wiederholen, aber auch zum Schulen der Selbstlernkompetenz, sowie der Medienkompetenz sind.

Tablet PC, Laptop, Smartphone ist eine gute Alternative um sich mit den verschiedensten Medien auseinander zu Setzen und bei Bedarf schnell an benötigte Infos zu kommen.

Lern und Selbstlernkompetenz

Die Selbstlernkompetenz umfasst die Fähigkeit, zu erkennen, welche Bildungsthemen für die eigene Situation relevant und welche Bildungsangebote diesbezüglich passend sind. Aber auch die Verwendung effektiver Lernstrategien sowie die anschließende Kontrolle der eigenen Lernerfolge fallen in diesen Kompetenzbereich.

Quelle: http://www.elearning2null.de/learnmedia/diss-thomas/gfx/expose_abb3.png

AbH Stützunterricht und sozialpädagogische Betreuung

Ausbildungsbegleitende Hilfen gehen über die Vermittlung von betriebs- und ausbildungsüblichen Inhalten hinaus.

Konkret umfassen sie Maßnahmen zum Abbau
von Sprach- und Bildungsdefiziten, zur Förderung fachpraktischer und fachtheoretischer Fertigkeiten, Kenntnisse und Fähigkeiten und zur sozialpädagogischen Begleitung.

Diese Maßnahme ist für Jugendliche und junge Erwachsene ohne berufliche Erstausbildung, die die allgemeine Schulpflicht erfüllt haben förderungsbedürftig sind v. a. Auszubildende, bei denen ohne eine Förderung ein Abbruch ihrer Ausbildung droht.

Fallbeispiele

Max H. Azubi Industriekaufmann 2. Ausbildungsjahr

Im Vorab erfolgt immer ein Lerntypentest, um herauszufinden zu welchem Lerntyp der Auszubildende tendiert. (www.leicht-lernen-coaching.com)

Herr H. scheint ein eher auditiver Lerntyp zu sein. Nach Absprache mit dem Schüler und den Lehrern liegen die Defizite bei Herrn H. In den Fächern KLR, Wirtschaft und Sozialkunde. Seine Organisation war sehr sorgfältig und er war sehr lernwillig.
Wir haben zusammen uns entschieden mittels der Lernkartei zu üben, da er sich durch die zahlreichen Abfragen den Stoff viel besser merken konnte. Zudem nutzten wir die Buchungssätze oder bestimmte Beispiele auf seine Firma umgearbeitet, somit hatte er einen besseren Überblick und konnte Zusammenhänge besser verstehen.

Fallbeispiele

Max H. Azubi Industriekaufmann 2. Ausbildungsjahr

Die Vorbereitung auf die Zwischenprüfung fand mittels eines selbst ausgearbeiteten Fragekataloges statt. Die Antworten des Herrn H, diskutierten wir dann in der Gruppe. So wurde gleich zwei Lernformen kombiniert und die Lerngruppe hatte einen positiven Nebeneffekt ebenso bereits Gelerntes zu wiederholen.

Fallbeispiele

Jonas H. Azubi Industriekaufmann 2. Ausbildungsjahr

Im Vorab erfolgte auch bei Herrn Jonas H. ein Lerntypentest, um herauszufinden zu welchem Lerntyp der Auszubildende tendiert. (www.leicht-lernen-coaching.com)

Auch Herr H. benötigt wie schon Herr Max H. schulische Hilfe, in den genannten Fächern, sowie Hilfe in seiner Organisation. Zu dem kommt das Herr H. ein gesundheitliches Handicap hat, dass ihm das Zuhören im Unterricht nicht besonders erleichtert. (Narkolepsie)
Herr H. Ist ein visueller Lerntyp. Somit haben wir gemeinsam versucht sein Schulmaterial zu sortieren, zu ordnen und dementsprechend zu markieren, bzw. Wichtiges hervor zu heben. Der Unterricht für Herrn H. musste abwechslungsreich gestaltet werden und nicht zu monoton werden, damit ihm seine Krankheit nicht außer Kraft setzt.

Fallbeispiele

Jonas H. Azubi Industriekaufmann 2. Ausbildungsjahr

Zuerst wurden Hefteinträge vervollständigt, das Schulmaterial sortiert und geordnet. Mindmapping haben wir ausgiebig trainiert, damit er sich auf spezielle Unterrichtsthemen individuell vorbereiten kann. Herr H. ist sehr medienorientiert, dieses Interesse nutzten wir um auf diversen Internetportalen wie beispielsweise www.rw4u.de Übungen interaktiv zu üben. Diese Art des dynamischen Lernens ist ideal für Herrn H.

Fazit

Abh ist eine sinnvolles Instrument um die Auszubildenden zu unterstützen. Grundwissen wird verfestigt, Lernformen erlernt und selbstständige Arbeitsweise geübt.

In unserem Fall brachte abH durchaus eine positive Bilanz. Herr Max H. konnte durch seine guten Noten in der Schule sowie in der Zwischenprüfung glänzen. Dadurch war es ihm möglich sich abzumelden, aufgrund dessen dass er sein Lernmaterial nun sehr gut selbst erlernen, organisieren und aufbereiten kann.

Herr Jonas H. konnte sein Organisationstalent weiter ausbauen. Er kann nun besser vernetzt Denken, was die gesamtwirtschaftlichen Zusammenhänge betrifft. Über die Lernprogramme war er sehr froh, da er jetzt wieder gerne lernt und durch die positiven Resultate in der Schule hat er auch mehr Motivation.

Fazit

Die Stichwörter für Schüler, sowie Ausbilder sind

LEBENSLANGES LERNEN

sowie die Balance zwischen
formellen und informellen Lernen zu halten.